AF297772

LA FIN

DES RÉVOLUTIONS.

APPEL

AU JUGEMENT DE LA FRANCE,

PAR

LE GÉNÉRAL DUBOURG,

AUTEUR DES QUESTIONS DE POLITIQUE EUROPÉENNE, — DU PLAN
DE LA COLONISATION DE L'ALGÉRIE, — DES MOYENS D'ASSURER LA PROSPÉRITÉ
DES FABRIQUES, — DE L'ORGANISATION DE LA MARINE
ET DU COMMERCE MARITIME, ETC.

Il n'y a ni crainte ni subordination
pour les estomacs vides.
(Napoléon, empereur.)

Je transformerai les fers de lance
en socs de charrues.
(Prophète Isaïe.)

PRIX : 50 CENTIMES.

PARIS.

FERDINAND BANGET, EDITEUR, 11, RUE D'ABOUKIR,
(Ci-devant rue Bourbon-Villeneuve) ;
ET CHEZ TOUS LES LIBRAIRES ET MARCHANDS DE NOUVEAUTÉS.

1849.

L 55 b 597

LA FIN

DES REVOLUTIONS.

APPEL AU JUGEMENT DE LA FRANCE,

Fondation du Crédit National.

PAR LE GÉNÉRAL DUBOURG.

Il n'y a ni crainte ni subordination
pour les estomacs vides.
(Napoléon, empereur).

Je transformerai les fers de lance
en socs de charrues.
(Prophète Isaïe).

Prix : 50 centimes.

Imp. de Mme de Lacombe, rue d'Enghein, 15.

LA FIN
DES RÉVOLUTIONS.

APPEL
AU JUGEMENT DE LA FRANCE,

PAR

LE GÉNÉRAL DUBOURG,

AUTEUR DES QUESTIONS DE POLITIQUE EUROPÉENNE, — DU PLAN
DE LA COLONISATION DE L'ALGÉRIE, — DES MOYENS D'ASSURER LA PROSPÉRITÉ
DES FABRIQUES, — DE L'ORGANISATION DE LA MARINE
ET DU COMMERCE MARITIME, ETC.

Il n'y a ni crainte ni subordination
pour les estomacs vides.
(Napoléon, empereur.)

Je transformerai les fers de lance
en socs de charrues.
(Prophète Isaïe.)

———◆———

PARIS.

FERDINAND BANGET, EDITEUR, 11, RUE D'ABOUKIR,
(Ci-devant rue Bourbon-Villeneuve) ;
ET CHEZ TOUS LES LIBRAIRES ET MARCHANDS DE NOUVEAUTÉS.
1849.

BIBLIOTHÈQUE NATIONALE — R.F.

LA FIN DES RÉVOLUTIONS.

APPEL AU JUGEMENT DE LA FRANCE.

—o|♦|o—

Nous sommes incontestablement un peuple spirituel, éclairé ; nous possédons tous les avantages naturels qui contribuent à la grandeur, à la puissance, à la richesse des nations. Avec de tels avantages, comment se fait-il que nous soyons déchus du rang qui nous appartient ? Comment se fait-il que nous soyons tombés dans la pauvreté ? — C'est que nous avons subi plus de trente années de mauvais gouvernement.

Tous nos maux proviennent d'une erreur capitale dans laquelle nous sommes tombés ; èrreur qui nous coûte bien cher, et dans laquelle il faut espérer que nous ne persisterons pas.

Pour gouverner une grande nation il faut de

l'expérience, il faut avoir fait une étude appro-
fondie des intérêts, des besoins du pays ; il faut
des cœurs qui comprennent que la gloire de ren-
dre un peuple heureux est bien au-dessus de celle
des conquérants. Pour nous représenter, pour
nous gouverner, avons-nous choisi de tels hommes ? N'avons-nous pas, par notre faute, laissé
tomber le pouvoir aux mains des métaphysiciens
de constitutionnalisme, des orateurs-agitateurs,
conservateurs des abus, inventeurs de la grande
politique et autres arrangeurs de périodes bril-
lantes ? Ces hommes ont si bien parlé, embrouillé,
qu'enfin l'anarchie est partout ; qu'il n'y a plus de
convictions dans les esprits, que les vérités les
plus évidentes sont controversées, et que chacun
veut refaire notre vieille société qui tombe en
lambeaux. Avec un vieux manteau on ne peut
pas faire un manteau neuf ; d'un vieil homme on
ne peut pas faire un jeune homme, de même d'une
vieille société on ne peut pas faire une société neuve.
Ce que l'on peut faire pour sauver une vieille société de la ruine, c'est de réformer courageuse-
ment les abus. Le gouvernement républicain sera
la révolution en permanence s'il n'est pas assez
habile ou assez fort pour opérer la réforme ra-
dicale des abus. L'antagonisme des intérêts ne
peut exister que là où il y a des classes qui exploi-
tent, qui oppriment, et des classes qui sont exploi-

tées, opprimées. En réalité, toutes les classes d'une nation sont solidaires les unes des autres, et quand le simple ouvrier pâtit, toutes les classes souffrent et sont menacées. Si l'anarchie obtenait la prépondérance, le propriétaire millionnaire serait dépouillé, ce qui n'empêcherait pas les ouvriers de mourir de misère.

Pour avoir encensé *l'esprit stérile* et lui avoir accordé la prééminence sur le bon sens, sur la science et la capacité des affaires, nous sommes cruellement punis.

Voulons-nous ne pas tomber au dernier rang des nations, voulons-nous ne pas tomber dans l'anarchie et la misère, réhabilitons le bon sens, la science et la bonne foi patriotique. Choisissons pour nous gouverner des hommes positifs, des capacités réelles; celui qui proposerait de porter au gouvernement des musiciens, des chanteurs, parce que nous avons du plaisir à les entendre, serait à bon droit considéré comme un extravagant. Les sophistes, les métaphysiciens constitutionnels ne sont que des chanteurs politiques. Souvenez-vous en, mes chers concitoyens, le jour des élections, si vous voulez sauver notre commune patrie. Croyez que ceux qui ont été impuissants à faire le bien pendant vingt ans, le seront toute leur vie. Ces beaux parleurs, naguère si *satisfaits*, nous coûtent déjà bien des milliards : ne leur donnons pas le pouvoir de consommer la ruine de la patrie.

Il faut que les intérêts agricoles, manufacturiers et commerciaux, prennent l'initiative de tous les progrès ; il faut que les intérêts des travailleurs de toutes classes dominent les passions des politiques spéculatifs. Depuis plus d'une année tous les travaux chôment et la misère des ouvriers devient intolérable. — On ose cependant dire que la confiance renaît peu à peu ; mais si la confiance renaissait, le crédit se rétablirait, tandis qu'il est tellement mort, que le portefeuille de la Banque diminue, et que l'encaisse métallique augmente tous les jours.

Menacés du naufrage, il ne nous reste qu'un moyen de salut pour nous sauver, il faut :

« Trouver les moyens de procurer du travail a tous les bras inactifs, et d'occuper utilement toutes les intelligences.» Tel est le problème qu'il faut résoudre pour fonder l'ordre public matériel, pour faire cesser l'anarchie qui règne dans les idées. Napoléon disait : « Il n'y a ni crainte ni subordination pour les estomacs vides. » Pénétrons-nous de cette vérité politique.

Quoi qu'on en dise, tout homme a le droit de vivre en travaillant; quoi qu'on en dise, il est monstrueux, il est infâme, qu'il y ait un nombre

considérable de familles sans travail, vivant dans
la misère ou mourant de faim, quand le blé
est à 13 ou 14 francs l'hectolitre, et dans un pays
où il y a une si grande masse de travaux productifs à entreprendre. L'habitude nous laisse voir
ces maux presqu'avec indifférence ; nous sommes
effrayés des calamités qui désolent l'Irlande, et
les souffrances qui nous touchent de si près,
nous semblons ne les pas connaître. Mais ceux
qui gouvernent, à quoi pensent-ils donc ?

Après avoir vaincu les ouvriers de Lyon, qui
avaient écrit sur leurs bannières : « *Vivre en
travaillant ou mourir en combattant,* » on dit
qu'il y avait quelque chose à faire ; que la société
était menacée d'une nouvelle invasion de bar-
bares. Cependant on ne fit rien et l'on se remit à
dormir en sécurité comme devant.

Après les douloureuses journées de juin, pro-
voquées bien plus par la faim que par l'esprit
de parti, on vota *l'assistance publique* : l'assistance publique est un moyen de dévorer des millions et d'entretenir la misère.

S'est-on, depuis le manque de travail, occupé
de guérir la seule maladie qui menace l'exis-
tence de la société ? J'ai dit la seule, parce que
celle-là a engendré toutes les autres, et notam-
ment le communisme et le socialisme. Non, point
du tout ; on ne s'est occupé que d'intrigues de

partis, — de savoir lequel des partis dominerait
les autres. Voulez-vous que le gouvernement soit
une chose simple et facile ? créez du travail. J'ai
catégoriquement formulé le problême. — Pour
en faire accepter la solution, il est indispensable
d'exposer brièvement les causes qui ont accu-
mulé les maux présents. Au premier rang il faut
placer :

L'imprévoyance des gouvernements qui se sont
succédé depuis 1815 ; l'abandon des intérêts
agricoles, le mépris de cette vérité fondamen-
tale : *Tous les biens viennent de la terre;* la su-
prématie accordée à l'industrie manufacturière,
sur l'agriculture : erreur qui a nui au commerce
autant qu'à l'agriculture. Erreur fatale, puisqu'elle
est une cause permanente de révolution et de
ruine.

Le manque de capitaux appliqués à l'agriculture, et le défaut absolu de crédit agricole ; l'u-
sure dévorant le produit net du travail de la terre
et entretenant la misère des paysans et la pénu-
rie des propriétaires.

Enfin, la mauvaise assiette des impôts qui nuit
à la consommation.

Voulez-vous que l'agriculture produise beaucoup, voulez-vous qu'elle produise tout ce qu'elle
peut et devrait produire ?

Voulez-vous que tous les agriculteurs et ouvriers d'agriculture soient bien nourris, convenablement rétribués et deviennent consommateurs ?

Voulez-vous que le travail des fabriques ne soit jamais interrompu, que le commerce soit florissant ?

Vous le pouvez, vous en êtes les maîtres ; cela dépend , je l'affirme, de vous absolument , de vous qui gouvernez le plus excellent peuple du monde.

Il vous suffit de vouloir avec fermeté ; il suffit de faire taire vos préjugés ; il vous suffit d'écouter cette voix intérieure qui vous crie : « Il faut sortir des ornières de la routine et sauver le pays de sa ruine. » Il vous suffira enfin de vous en rapporter à vos propres lumières, à l'évidence, — et le crédit agricole et commercial , source de tout travail, sera fondé sur des bases impérissables.

Si vous voulez consulter l'opinion publique avant de juger vous-mêmes, faites-le; mais n'allez pas vous tromper et prendre pour l'opinion publique l'opinion des banquiers et capitalistes, car ils ne connaissent pas même leurs intérêts propres.

Voici le secret de contenter les honnêtes gens

de toutes les classes, de rétablir l'ordre moral et l'ordre matériel sans canons ni baïonnettes :

Créer, par décret, une DIRECTION ou ADMINISTRATION DU CRÉDIT *national.* Cette direction sera indépendante comme l'est la caisse d'amortissement ; elle sera soumise à des règlements sanctionnés par l'assemblée législative.

L'administration du crédit national sera autorisée à émettre pour un *milliard de billets* au porteur, ayant cours comme ceux de la Banque.

Ce milliard de billets sera prêté à l'intérêt de 3 pour 0/0, savoir : 500 millions, 1° pour rembourser les créances hypothécaires, arrivées à terme; 2° pour faciliter, aux petits propriétaires, les moyens d'augmenter leur cheptel ; 3° enfin, le surplus pour être prêté, aux cultivateurs qui sont connus comme laborieux améliorateurs.

Sur les 500 millions restants, 100 millions seront employés, savoir : une partie aux travaux d'irrigation les plus productifs, afin d'augmenter les prairies naturelles qui sont insuffisantes ; une autre partie à la plantation des dunes du littoral, et au reboisement des montagnes dénudées.

Sur les 400 millions restants, 300 seront consacrés à prêter *sur dépôt des produits de l'agriculture.* Les 100 derniers millions seront employés à *favoriser la navigation marchande et le commerce maritime*, en prêtant sur les marchandises exotiques en entrepôt, et en faisant des avances aux armateurs, sur les connaissements et polices d'assurances des bâtiments, par eux expédiés pour les voyages de long cours.

Au moyen de l'intérêt de 3 pour 0/0 que l'administration du crédit national prélèvera, elle pourvoira à ses frais de gestion. Sur le surplus, cette administration, avec autorisation de l'assemblée législative, pourra prêter de petites sommes à des entrepreneurs de recherches de mines, à des entrepreneurs de sondages, de dessèchement et d'irrigation.

Elle pourra aussi prêter à des inventeurs français obligés, souvent maintenant, de porter leurs inventions à l'étranger, faute de capitaux et au grand détriment du pays. Dans ce cas, les inventions seront préalablement soumises à l'examen de juges compétents qui seront chargés d'apprécier l'importance et le degré d'utilité de l'invention.

Tout homme d'état verra, dans ces dispositions, un immense avenir de prospérité pour la France.

.   .   .   .

RÉPONSES A QUELQUES OBJECTIONS PRÉVUES.

Justification et preuves de l'excellence de ce système de crédit.

Quand il s'agit de changer la forme du gouvernement, il n'y a point d'hésitation ; on semble trouver qu'une révolution est une chose naturelle, toute simple, et qui n'a pas besoin de grande réflexion ; quand il s'agit d'une innovation, quelque nécessaire, quelqu'avantageuse qu'elle soit à tout le public, les objections arrivent de toutes parts. La chose la plus simple, on commence par la trouver impossible dans la pratique ; les intérêts, même les plus honteux, se déguisent, intriguent, et après une discussion stérile, les ennemis de tout progrès obtiennent un ajournement. Cette immobilité impuissante a perdu le dernier gouvernement, elle aura bientôt perdu celui-ci, s'il s'obstine à résister sans améliorer.

Je conviens que les différents systèmes de banque et de crédit agricole, soumis à l'assemblée nationale, étaient inexécutables ou incomplets. Mais au lieu de méconnaître le principe, et de rechercher les moyens de fonder un système de crédit national, les ministres des finances écoutant les banquiers, ont fait rejeter toutes les propositions sans examen véritablement sérieux.

Les banquiers disaient aux ministres des finances de la République : « *Vous avez un déficit considérable qui ne peut être couvert que par des emprunts ; si vous créez des bons hypothécaires, on préférera ces bons aux coupons de rente sur l'Etat, toutes les petites bourses voudront des bons hypothécaires, il ne sera plus possible de placer des coupons de rente.* » Ce raisonnement n'était pas entièrement dénué de fondement, puisque l'on voulait que les bons hypothécaires fussent à intérêt au porteur ; ce raisonnement devient nul, par notre système, puisque le papier hypothécaire est une véritable *monnaie*, et qu'à ce titre, il ne porte point intérêt. Est-ce que les billets de banque portent intérêt ? Cela ne ferait pas l'affaire des banquiers, ni même du commerce. Mais, comment veut-on que l'agriculture fournisse aux fabriques les matières premières à bas prix, quand tout est arrangé pour que cela soit impossible. Pauvre agriculture, à laquelle on ne pense que pour l'épuiser par des 45 centimes !

Il est vrai que les revenus de l'État augmentant, par l'adoption des moyens de crédit que j'indique, le trésor public n'aurait plus besoin de l'argent des banquiers, juste au moment où il affluerait dans leurs caisses. Mais comme l'agriculture

produirait infiniment plus et à plus bas prix, que
tout le monde travaillant, tout le monde consom-
merait, il en résulterait une si grande activité dans
les fabriques, et un commerce tellement considérable, que les banquiers, malgré l'abaissement
de l'intérêt, gagneraient au-delà de ce qu'ils ont
jamais gagné. Ainsi, les banquiers sont hors de
cause. D'ailleurs, on ne sacrifie pas les intérêts
d'une nation de près de 36,000,000 d'âmes, aux
intérêts de quelques centaines d'individus. Mais,
j'insiste, et je soutiens que les capitalistes profi-
teraient de la prospérité publique.

On ne manquera pas de dire que, si l'on créait
un milliard de *monnaie hypothécaire*, la monnaie
métallique disparaîtrait, et l'on citera bêtement
l'époque de 1793. (*Notez que j'ai dit bêtement et
que je le répète*). Cela ne pourrait arriver que dans
le cas où ce milliard, au lieu d'être employé à
créer du travail, c'est-à-dire de la richesse, serait
gaspillé en dépenses improductives. La vérité est
que, si la France ne possédait pas un seul écu, et
que le travail y fût organisé avec intelligence, *au
moyen du crédit national*, elle posséderait bientôt
la plus grande partie du numéraire existant dans
le monde.

On ne dit rien contre les billets de la banque,
ce qui n'empêchera pas probablement les routi-
niers d'élever encore beaucoup d'objections, que

nous sommes inhabiles à prévoir, contre les billets hypothécaires. Nous attendrons ces objections, contractant déjà l'engagement formel de les réfuter complètement, et bien loin de les craindre nous les provoquons, car notre système de crédit national, n'est ni une ancienne, ni une nouvelle utopie, c'est un système tout nouveau, tout pratique, que nous qualifions de *national*, à bon droit, puisqu'il profitera à tout le monde. Peu de mots nous suffiront pour le prouver.

Qu'est-ce que la banque, dite de France fort improprement?

C'est une institution privée, fondée avec un capital minime, qui fonctionne avec privilége *gratuit* du gouvernement au profit de quelques particuliers.

Cette banque, instituée dans des temps difficiles, pour venir au secours du commerce, n'a jamais rempli le but pour lequel elle fut instituée.

La Banque fonctionne au profit des capitalistes, des banquiers, et point du tout au profit du commerce; elle prête aux banquiers, c'est-à-dire aux riches, à 4 pour 0/0, et les banquiers prêtent au commerce à un minimum de 8; savoir : 6 pour 0/0 taux légal et 1/2 pour 0/0 de commission; mais comme cette commission de 1/2 pour 0/0 est souvent prélevée sur des effets qui n'ont que deux mois ou six semaines d'échéance, elle fait souvent monter l'intérêt à 9 ou à 10. Voilà l'établissement du crédit que l'on appelle Banque de France, qui, depuis février, a obtenu la suppression, à son profit, des Banques établies dans les départements, et de plus, l'autorisation d'émettre jusqu'à cinq cents millions de billets, dont le remboursement n'est pas exigible. Tous ces priviléges ont été concédés gratuitement ; ainsi, la Banque, dont le capital est de soixante-sept millions, plus les dix millions de la réserve, plus les vingt-trois millions des Banques départementales , total cent millions, étant autorisée à émettre cinq cents millions de billets et prêtant à 4 pour 0/0, elle retire ou peut retirer en réalité, 20 pour 0/0 des cent millions représentant son capital.

Après la crise de février de l'année dernière, les banquiers fermèrent leurs caisses et refusèrent tout crédit au commerce : c'était leur droit, — cela est toujours arrivé à toutes les époques de crises et arrivera toujours. On ne peut pas forcer un particulier à prêter son argent , quand il ne le veut pas ; on ne peut pas faire que les capitalistes, qui sont les plus peureux des hommes, changent de caractère.

Il y eut nécessité urgente de créer des comptoirs d'escompte à Paris et dans quelques autres villes. On devrait croire que la Banque dite de France, saisit cette occasion de manifester son bon vouloir en faveur du commerce. Voici ce qu'elle a fait pour le commerce : Au Comptoir national d'escompte de Paris, elle a avancé 200,000 francs; aux autres Comptoirs des villes, 230,000 francs. En total, pour soutenir le commerce de toute la France, 430,000 fr. de crédit. Voilà la libéralité, la générosité de la Banque pour le commerce. Voilà ce que la Banque a fait après avoir obtenu gratuitement le privilége d'émettre 500 millions de billets non remboursables. Et maintenant, je le demande, peut-on blâmer le commerce quand il se plaint de la féodalité financière ?

On croira peut-être que la Banque, si ingrate envers le commerce, cause ou prétexte du monopole dont elle jouit, est plus reconnaissante envers le Gouvernement qui lui a accordé des priviléges excessifs ; on va en juger : le Gouvernement fait un emprunt à la Banque, et la Banque, pleine de confiance et de reconnaissance pour le Gouvernement, a exigé un *gage* ; ce gage, composé des plus belles forêts, des plus beaux biens de France, elle s'est fait autoriser à le vendre. Voilà les moyens que la Banque emploie pour consolider le crédit du Gouvernement et faire renaître la confiance nécessaire à la reprise du travail. Après avoir examiné, approfondi la manière d'agir de la Banque envers le commerce et envers le Gouvernement, serait-ce la calomnier que de lui

2.

adresser le reproche d'avoir, par son ingratitude égoïste, prolongé la crise qui ruine le pays?

En Belgique , MM. les ministres des finances sont meilleurs gardiens des intérêts du public. Une loi du 22 mai 1848 a autorisé la Société générale à émettre des billets non remboursables, mais il a été imposé à cette Banque une remise annuelle en faveur de l'Etat sur le montant des bénéfices, et à partir de la date de chaque émission ; en outre l'obligation de créer et prêter, *sans intérêt*, une certaine somme en lesdits billets non remboursables. En Angleterre, le gouvernement n'accorde jamais de faveurs ou priviléges à la Banque sans les lui faire payer; le Parlement et l'opinion publique qui est bien plus puissante en ce pays que chez nous, ne permettraient pas au chancelier de l'échiquier d'agir autrement.

De ce que je viens de dire on aurait tort d'inférer que je suis opposé à la Banque ; je ne suis opposé qu'aux actes contraires à l'intérêt public; ainsi je dirai en faveur de la Banque, que le premier ministre des finances qui comprendra le crédit et les besoins urgents du commerce, autorisera la Banque à tripler , quadrupler ou même quintupler son capital. Cela est indispensable, parce que depuis la création de la Banque, et principalement depuis la paix, les affaires sont le quintuple de ce qu'elles étaient lors du premier établissement sous le consulat. Le ministre demandera une loi pour autoriser une émission de billets, proportionnée au capital ; il exigera de la Banque, en retour du monopole et des avantages accordés, un équivalent raisonnable, en le basant, s'il est nécessaire , sur les précédents établis en Angleterre, en Belgique, etc.

Les dépenses de l'année courante sont fixées , d'après le rapport sur le budget, à la somme de. . . . . 1,657,215,804 fr.
Les recettes à 1,411,732,007

Le découvert est de. . . 245,483,797 fr.

En agissant ainsi que nous l'avons indiqué , il n'y aura point de nécessité de contracter de nouveaux emprunts onéreux. Le *découvert* sera facilement *couvert* ; les impôts rendront davantage ; leur perception sera plus facile ; les rentes remonteront au pair. Alors aussi, il sera facile de restituer aux malheureux retraités civils et militaires, la retenue inique qui leur est imposée sur des pensions qui avaient été reconnues insuffisantes il y a près de dix ans. Quand l'on *réduit* les pensions accordées à de malheureux vieillards, quel que soit le nom que l'on donne à cette réduction, c'est une banqueroute. Ceux qui ont consacré leur vie au service de la patrie ont des droits au moins égaux à ceux qui ont prêté de l'argent au Gouvernement.

J'offre le seul moyen de satisfaire aux ju ste réclamations du commerce. Aujourd'hui il est parfaitement démontré que les départements ont, autant que Paris, un besoin urgent d'une plus grande masse de valeurs d'échange que celle existante. Il est avéré qu'on a une pleine et entière confiance aux billets de la Banque, bien que momentanément ils ne soient pas remboursables en numéraire.

On n'est pas d'accord sur la somme du numéraire existant en France. Les uns croient que nous possédons 3 milliards, d'autres disent 2 milliards 500 millions ; enfin d'autres réduisent à 2 milliards le numéraire. Nous acceptons la moyenne de 2,500,000,000 fr. comme la plus probable, en faisant toutefois cette remarque très essentielle que, si cette somme de numéraire existe chez nous, elle est loin d'être en totalité dans la circulation. C'est une vieille habitude que les révolutions ont rendue plus intense, d'avoir toujours un fonds secret de réserve ; cette *poire pour la soif*, comme l'on dit vulgairement, absorbe certainement plus d'un cinquième du numéraire ; c'est donc tout au plus s'il y a en réalité 2 milliards de numéraire en circulation. Et c'est avec cette somme que vous voulez faire face aux besoins de

l'agriculture, des fabriques et du commerce intérieur et extérieur, dans un pays où les papiers
de commerce, lettres de change, billets à ordre,
à vue, à échéance et autres en circulation, sont
estimés en temps calme, s'élever jusqu'à 25 milliards ; reconnaissez donc qu'il faut au commerce
une plus grande masse de valeurs d'échange, c'est-
à-dire de billets de banque.

Mais les banques établies dans l'intérêt du commerce, instituées pour le *crédit sur signature à
terme très court*, ne peuvent rien pour le *crédit
agricole*, non plus que pour le *crédit sur consi-
gnation* de matières premières ou de produits fa-
briqués. Toutes les banques hypothécaires ont
échoué, et toutes les tentatives de ce genre échoue-
ront. C'est pour cela qu'il y a urgence de fonder
le *crédit national*, pour soustraire l'agriculture à
l'usure et à la misère ; pour soustraire les négo-
ciants en denrées et les fabricants aux exigences
désordonnées des commissionnaires et des con-
signataires.

Examinons la situation de l'agriculture en
France.

Nous ne parlerons pas de défrichement, nous
avons trop d'améliorations à faire pour qu'il soit
encore permis d'y songer ; et certainement ceux
qui parlent de défricher les terres incultes ne

connaissent pas l'état déplorable de notre agriculture.

En 1837, la superficie de la France a été
trouvée de 52,780,703 hectares, qui se divisent
comme suit :

En terres arables, mais la plus grande partie mal
travaillées et mal amendées   25,000,000 hect.

*Sur lesquelles cultivées en cé-
réales, 14,000,000 seulement.*

En prairies.	4,834,000	id.
Vignes	2,135,000	id.
Bois.	7,422,000	id.
Landes et terres vagues .	7,799,000	id.
Propriétés bâties . . .	241,000	id.
Routes, chemins, rues. .	1,225,000	id.
Montagnes.	4,124,703	id.

Total. . 52,780,703 hect.

De cette superficie. . . 39,834,000 seulement sont en culture.

Admettons un nombre rond de 40,000,000
d'hectares.

Le prix moyen de ces terres n'est estimé qu'à
500 francs l'hectare, parce qu'il en existe une
masse qui se vendent au-dessous de ce prix. A ce
compte, la valeur du sol productif ne s'éleverait
pas à vingt milliards. Nous croyons ce calcul fort

au-dessous de la vérité, et que l'erreur provient de ce que l'on ne tient pas assez compte de la valeur réelle des prairies, des jardins et des bois. La valeur seule des prairies et des jardins est, suivant nous, d'au moins vingt milliards. En effet, il y a beaucoup de prés et de jardins en Normandie et dans le Midi, qui valent 10,000 francs l'hectare, et les plus mauvais se vendent 2,500 fr. En conséquence, nous estimons la valeur totale de la propriété territoriale de la France, à quarante milliards, et le produit, c'est-à-dire la part afférente aux propriétaires et celle des fermiers et métayers, à 3 milliards, excédant d'un milliard celle du numéraire circulant.

N'oublions pas de noter que ces 40 milliards de biens, sont grevés de 12 milliards d'hypothèques, qui coûtent à la propriété en intérêts légaux ou usuraires, en frais d'actes et d'hypothèques, au moins 800 millions, c'est-à-dire plus de la moitié du revenu *foncier*. Telle est la situation déplorable de la propriété.

La valeur du numéraire est complètement fictive. Une grande nation telle que la France, qui ne posséderait pas un écu, et qui serait riche en produits de toutes espèces, fruit de son travail, posséderait en peu d'années tout le numéraire en circulation.

La richesse pour une nation, *c'est le travail*;

cette richesse est proportionnée à l'étendue des terres qu'elle possède, à la quantité de travail intelligent qu'elle donne à la culture, enfin à l'industrie générale des habitants. Ainsi la France, si obérée qu'elle soit par la prodigalité et l'incapacité de ses administrateurs, ne peut jamais être appauvrie que momentanément. Etouffez les dissensions, réduisez l'esprit de parti à l'impuissance, — choses qu'un bon gouvernement peut aisément faire, surtout quand il est appuyé par un aussi excellent esprit que celui qui anime la masse de la nation, — et vous verrez qu'avec peu de numéraire, tout le monde peut être heureux ; mais fondez le crédit, puisqu'il n'y a pas d'autre moyen de mettre tous les bras en activité, et d'occuper toutes les intelligences.

Comment les administrateurs du pays et les soi-disant financiers, ne se sont-ils point aperçus depuis longtemps que, si les écoles d'agriculture peuvent être utiles, elles ne peuvent cependant pas guérir l'agriculture de sa pauvreté ? Et qu'enfin il ne manque point d'hommes désireux et capables d'améliorer leurs terres, mais qu'ils ne peuvent entreprendre aucuns travaux d'amélioration, parce qu'ils sont endettés, et que la partie liquide de leur revenu suffit à peine à leurs besoins.

Comment voulez-vous qu'un malheureux pays

qui paie l'argent 12 p. 0/0, et quelquefois plus, puisse acheter les bestiaux qui lui seraient nécessaires.

Le grand et le moyen propriétaire paient l'argent moins cher, parce que les faux frais de l'hypothèque, sont répartis sur une plus grosse somme. Néanmoins on a observé que tout propriétaire qui a recours aux emprunts, finit par se ruiner.

Il y a trente ans que l'on demande vainement la réforme des lois hypothécaires, la suppression des hypothèques occultes: jamais nos gouvernants n'ont voulu écouter les plaintes des propriétaires.

Comment veut-on que le service du travail agricole se fasse avec 2 milliards 500 millions de numéraire, dans un pays où le trésor public en reçoit chaque année les deux tiers?

Comment veut-on que le service du travail agricole se fasse dans un pays où la masse du capital en circulation, augmentée du crédit de la banque commerciale, est complètement insuffisante pour les besoins de l'industrie manufacturière et du commerce?

En Angleterre, pays de bonne agriculture, on a reconnu qu'un fermier avait besoin pour son exploitation d'un capital égal au minimum à cinq fois le loyer de sa ferme.

Trouverait-on en France beaucoup de fermiers qui, en entrant dans une ferme, aient à leur disposition un capital égal à deux années seulement du loyer de la ferme? Quant aux pays de métayage, et c'est la plus grande partie de la France, savez-vous ce que possède le métayer quand il se présente pour entrer dans une métairie? Il possède beaucoup d'enfants, comme lui à peine vêtus la plupart du temps, et de plus une grande gaule avec un aiguillon au bout; il est vrai que s'il n'a pas un sou vaillant, il doit au propriétaire qui vient de le congédier. Le propriétaire fournit tout au métayer, les instruments, le cheptel, et des avances pour sa nourriture. Presque toujours le cheptel est insuffisant, parce que le propriétaire lui-même est hors d'état de le compléter.

La terre de France bien cultivée, suffisamment garnie de bestiaux, pourrait nourrir dans l'abondance cent millions d'habitants; dans sa situation actuelle, avec moins de trente-six millions d'âmes, il y a une foule de misérables... *Tous nos maux proviennent de la pauvreté de l'agriculture;* tous les capitaux que possède la France, tout le crédit de la Banque suffisant à peine pour les besoins du commerce et le service du trésor public, il ne reste rien, absolument rien pour les besoins de l'agriculture.

Vous voulez que les fabriques et le commerce prospèrent. Comprenez donc que cette prospérité des fabriques et du commerce ne peut être obtenue, qu'*en mettant l'agriculture en état de produire beaucoup de matières premières et à bas prix.* Comprenez donc que dans les pays où l'agriculture est florissante, la population employée aux travaux de la terre est mieux nourrie, mieux vêtue, mieux logée, qu'elle consomme des produits manufacturiers. Voyez et comparez la consommation en produits des manufactures des habitants des départements du Nord, de l'Alsace, avec la consommation des habitants des départements de l'Allier, de l'Indre. C'est une vérité économique incontestée, que quand les capitaux sont abondants et à bas prix, toutes les affaires prospèrent. Une autre vérité pour les hommes instruits dans la véritable science économique, c'est qu'en aucun pays le capital numéraire ne suffit aux besoins du travail et qu'il faut y suppléer par le crédit; d'où il suit que partout où le crédit est inférieur aux besoins, la cherté des capitaux limite les entreprises et entretient l'état de malaise d'une nation. Encore une vérité, moins vulgaire, quoique non moins incontestable : le crédit n'est insuffisant que par la faute de l'administration ; en tout pays une administration intelligente, attentive aux besoins du travail, est toujours la maîtresse de donner au crédit tout le développement nécessaire à la prospérité nationale. Voyez si le crédit manque en Angleterre ou aux

États-Unis? Restreignez le crédit dans ces pays, sur le champ la stagnation des affaires amènera une décroissance de prospérité.

L'on crie anathême contre M. Proudhon et sa Banque du Peuple. On ne veut pas faire attention que le système de M. Proudhon est l'enfant naturel et légitime des capitalistes qui n'ont point cessé d'élever leurs prétentions en voyant que partout les capitaux manquaient au travail. Si nous voulons juger sans haine, sans passion, nous serons forcés de reconnaître, d'avouer, que le système Proudhon est la conséquence d'un fait pré-existant. Jamais l'auteur de l'abolition de l'intérêt du capital n'eût émis cette idée, si les détenteurs du capital se fussent montrés plus modérés, moins exigents. En Hollande, en Angleterre, aux États-Unis, le système Proudhon n'aura point d'adhérents, parce que le crédit est si bien organisé dans ces pays, que les capitaux y sont à bas prix. En France, la doctrine de l'abolition de l'intérêt du capital aura énormément de partisans si vous vous obstinez dans les vieilles routines; elle n'en aura presque point si vous organisez le crédit agricole et commercial de manière à suffire aux développements de la prospérité publique.

Que manque-t-il à notre agriculture? rien, que des capitaux à bas prix. Comprenez donc que la propriété territoriale ne rapportant que 2 1/2 à 3 pour 0/0, elle ne peut pas supporter un intérêt plus élevé sans consommer sa ruine ; il n'en est pas ainsi du commerce, dont les bénéfices sont plus élevés : c'est pourquoi il attire à lui tous les capitaux.

Fournissez à l'agriculture du crédit, et la valeur de la propriété territoriale montera bientôt de quarante milliards à cent vingt, car les produits en peu de temps seront plus que triplés. Alors, vous n'aurez plus de déficit ; les impôts paraîtront légers et rentreront sans contrainte.

Ah ! si l'on voulait se figurer la prospérité dont jouirait notre chère patrie, loin de chercher à entraver la réalisation de mon système de crédit, j'emporterais au tombeau les bénédictions de mes concitoyens.

A ceux qui ne veulent reconnaître aucune vérité nouvelle, quelle que soit son évidence, je dirai : Entrez dans mon système timidement, petitement, si vous le voulez absolument, n'émettez d'abord que cinq à six cents millions de billets, afin de juger des résultats sur la prospérité nationale.

Vous qui avez le pouvoir, mettez à exécution ce que je vous propose au profit de l'agriculture, des fabriques et du commerce ; l'expérience vous prouvera que mon système vaut mieux, pour le maintien de la paix publique, que les canons et les bayonnettes d'une armée de 500 mille hommes. Inspiré par ma conscience de bon citoyen, fort de ma vieille expérience, je vous le dis hautement : Entrez promptement dans les voies que je vous indique ; il n'y a point d'autre moyen de préserver la société d'un bouleversement complet.

NOTA.

Sous le régime du suffrage universel, aucune amélioration sociale n'est impossible. Mais pour que la Représentation nationale et l'administration agissent promptement, il faut que l'opinion publique se prononce avec force et déploie toute sa puissance.

Nous nous occupons de créer une Association dont le but sera de travailler à LA FONDATION ET A L'ORGANISATION DU CRÉDIT NATIONAL *en faveur de l'Agriculture, des Manufactures, du Commerce intérieur et du Commerce maritime.*

Cette Société, dont nous publierons incessamment le programme, aura pour mission de discuter tous les projets de crédit déjà présentés ou qui le seraient ultérieurement ; elle discutera le projet de CRÉDIT NATIONAL que nous soumettons ici au jugement du public. Elle discutera tous les points controversés, résumera et formulera les véritables principes ; et si le système de M. Proudhon, que, pour notre compte, nous ne saurions approuver, est réalisable, praticable, plus avantageux au public que le nôtre, ou que tout autre , il obtiendra la préférence. Quelle que soit la solution , tous les intérêts ayant été pesés , toutes les capacités ayant été entendues, il en résultera un bien immense pour le pays.

D'abord, les principes étant reconnus et fixés, LE CRÉDIT NATIONAL sera établi, puis enfin toutes les utopies menaçantes seront hors de discussion , et cesseront d'agiter et d'inquiéter la nation.

En attendant la formation du Conseil de la Société, *pour la création et l'organisation du Crédit national*, tous ceux qui admettent les principes établis dans le mémoire qui précède , sont priés de nous envoyer leur adhésion. *Les personnes qui désirent faire partie ou être correspondantes de la Société pour l'organisation du* CRÉDIT NATIONAL , auront soin d'en prévenir. Les intérêts actuellement en question sont ceux de tout le monde, de l'ouvrier, du propriétaire, du manufacturier, du négociant, de l'armateur; nous devons donc compter sur un nombre très considérable d'adhésions. Les journaux des départements, quelle que soit d'ailleurs leur opinion politique, sont autorisés à reproduire notre mémoire, en totalité ou en partie ; nous ne cherchons que la vérité et le bien public.

Comme nous devons nous attendre à plusieurs centaines de mille adhésions, on conçoit que les lettres et mémoires qui y seraient joints, doivent être *affranchis.*

Tout ce qui concerne la question, devra être adressé (*franco*), à l'agent de la Société du *Crédit national* , 20 , rue Cadet , à Paris.

Impr. de Mme de Lacombe, rue d'Enghien, 12.

BIBLIOTHÈQUE NATIONALE
R.F.